Armin Täubner

Einfach tierisch gefaltet

Tiere aus Papier

Großer Schmetterling

Abbildung Seite 1

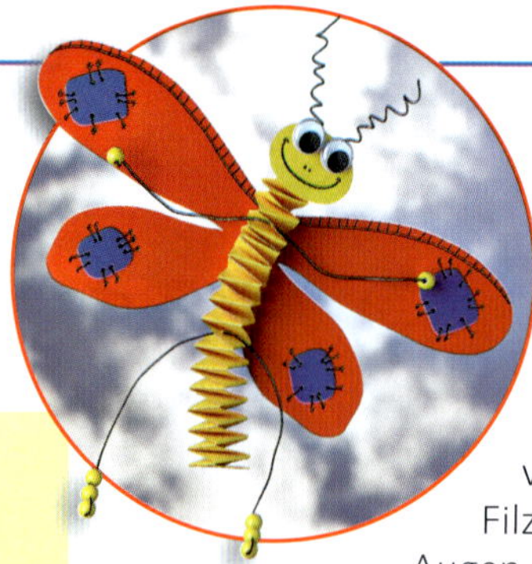

Motivhöhe
ca. 19 cm, Flügelspannweite ca. 19 cm

Material
- Tonpapierstreifen, 2 x 50 cm lang, 1,5 cm breit: gelb
- Tonkarton, A5: rot
- Tonkarton: blau
- Tonpapier: gelb
- Geglühter Blumendraht, ø 0,65 mm, 12 cm, 16 cm und 22 cm lang
- 2 Wackelaugen, ø 12 mm
- 8 Holzperlen, ø 6 mm: gelb
- Schaschlikstäbchen (für Spiralfühler)

Vorlagenbogen A

Falten Sie den Körper, schneiden Sie die Motivteile aus, kleben Sie die Flicken auf die Flügel und verzieren Sie sie noch mit Filzstift. Kleben Sie zuerst die Augen auf das Kopfteil und malen Sie dann Nase und Mund auf.
Für die Fühler biegen Sie ein 16 cm langes Drahtstück in der Mitte zu einem engen Bogen. Die beiden Drahtenden werden jeweils um das Schaschlikstäbchen gewickelt, abgestreift und auf die gewünschte Länge gedehnt.
Das Fühlerpaar befestigen Sie von hinten am Kopf und kleben zur Stabilisierung zusätzlich ein etwas kleineres Kopfteil (gepunktete Linie) auf. Dann fixieren Sie den Kopf auf dem letzten Abschnitt der Hexentreppe. Mit der Vorstechnadel durchstechen Sie die Hexentreppe für das Arm- und das Beinpaar nach dem zweiten und dem siebten Zacken und führen als Arme und Beine ein 12 cm und ein 22 cm langes Drahtstück durch. An den Enden fädeln Sie je eine bzw. je drei Holzperlen auf, die Sie durch Umbiegen des Drahtes befestigen. Kleben Sie das Flügelpaar an den Rumpf.

Fotos: frechverlag GmbH, 70499 Stuttgart;
Fotostudio Ullrich & Co., Renningen

Dieses Buch enthält:
1 Vorlagenbogen

Auflage: 17. 16. 15. 14. | Letzte Zahlen
Jahr: 2011 2010 2009 2008 2007 | maßgebend

frechverlag GmbH, 70499 Stuttgart
Druck: frechdruck GmbH, 70499 Stuttgart

ISBN 978-3-7724-3139-5 · Best.-Nr. 3139

Kaum zu glauben,
was sich aus

Hexentreppen

und

Fächern

alles zaubern lässt!

In diesem Buch zeige ich Ihnen, wie Sie aus diesen einfachen Falttechniken allerlei lustiges Getier herstellen. Vor allem Kinder sind mit Feuereifer dabei, wenn aus flachem Papier bunte Raupen und Schmetterlinge, großäugige Eidechsen und coole Pinguine entstehen.

Sie können Mobiles und Fensterbilder, Karten oder gern gesehene Mitbringsel aus Ihren Papierkunstwerken machen oder einfach Ihren persönlichen Papierzoo zusammenstellen.

Viel Freude am Falten und Gestalten
wünscht Ihnen

Ihr

Die Beschreibung der Schlange finden Sie auf Seite 6.

Materialien

Bei den einzelnen Motiven ist detailliert aufgeführt, welche Materialien benötigt werden.

- Tonpapierstreifen (fertig zu kaufen in den Breiten 1,0 cm, 1,5 cm und 2,0 cm)
- Tonkarton
- Tonpapier
- Schreibmaschinen-papier
- Maulbeerbaum-Papier
- Regenbogen-Tonkarton
- Wackelaugen
- Geglühter Blumendraht, ø 0,35 mm und ø 0,65 mm
- Holzperlen

Hinweis
Ist bei den Materialangaben zu Papier keine Menge angegeben, kommen Sie mit einem Rest kleiner als A5 aus.

Arbeitsschritte

Eine Hexentreppe falten

Die Enden von zwei gleich langen und gleich breiten Papierstreifen werden rechtwinklig aufeinander geklebt. Nun falten Sie den unten liegenden Streifen (hier: blau) über den oberen. Der Streifen (hier: rot), der anfangs oben lag, liegt nun seinerseits unten und wird über den jetzt oberen Streifen geführt. Fahren Sie so fort, bis die Hexentreppe die gewünschte Länge erreicht hat. Die überstehenden Streifenenden werden abgeschnitten. Damit die Hexentreppe sich nicht löst, wird – je nach Motiv – der letzte oder der vorletzte Faltabschnitt angeklebt.

Die Zacken der Hexentreppe zählen

Als Orientierungshilfe für die Länge der fertigen Hexentreppen zählen Sie die Zacken auf der linken und der rechten Seite. Wenn es beispielsweise heißt: „Durchstechen Sie die Hexentreppe nach zwei und sieben Zacken vom Kopf aus gesehen", zählen Sie einfach die Zacken an beiden Seiten ab und durchstechen dann die Hexentreppe an den entsprechenden Stellen.

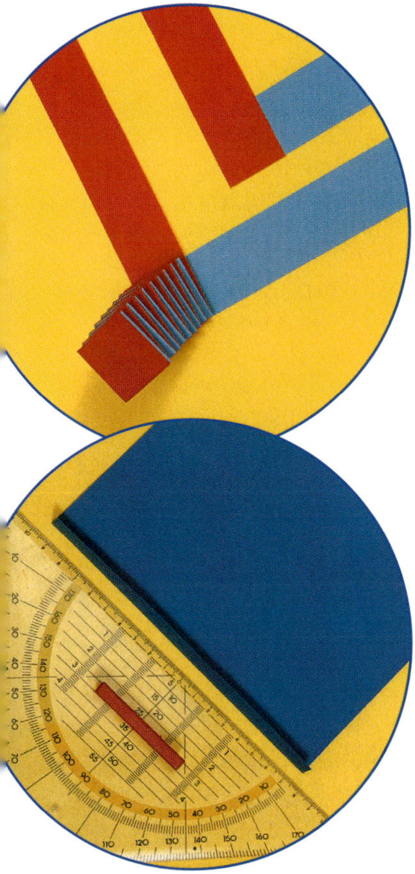

Einen Fächer falten

Ein Papierrechteck wird immer im Abstand von ca. 1 cm abwechselnd nach vorne und nach hinten gefaltet.
Die erste Faltlinie zeichnen Sie mit Bleistift und Geo-Dreieck leicht vor und falten dann das Papier zum ersten Mal. Drehen Sie das Papier um und falten Sie es das zweite Mal. Fahren Sie immer so fort.
Vor allem bei dickeren Papieren ist es für ein exaktes Falten hilfreich, wenn Sie die Faltlinien vorher leicht mit Geo-Dreieck und Cutter anritzen.

Eine Kartonschablone herstellen

Pausen Sie das Motivteil vom Vorlagenbogen mit Bleistift auf Transparentpapier ab. Kleben Sie das Transparentpapier auf einen Kartonrest und schneiden Sie es entlang der Umrisse aus. Mit der Kartonschablone können Sie dann das Motiv mit Bleistift in beliebiger Anzahl auf Tonkarton oder andere Papiere übertragen. Schneiden Sie die Motivteile aus und kombinieren Sie sie nach Anleitung mit Hexentreppen und Fächern.

Werkzeuge und Hilfsmittel

Folgende Werkzeuge und Hilfsmittel sollten Sie zur Hand haben. Sie werden bei den einzelnen Motiven nicht gesondert aufgeführt.

- Transparentpapier und Karton für Schablonen
- Bleistift
- Feiner Filzstift: schwarz
- Schere
- Cutter und Schneideunterlage
- Geo-Dreieck
- Vorstechnadel
- Lochzange
- Faden
- Seitenschneider
- Rundzange

Schlange

Abbildung Seite 3

Kleben Sie die acht Hexentreppen zum Schlangenkörper aneinander.
Das Kopfteil schneiden Sie zweimal aus. An einem Teil werden die Wackelaugen befestigt und die Nasenlöcher aufgemalt sowie von unten die Zunge fixiert. Das zweite Kopfteil klappen Sie an der gestrichelten Linie um und kleben es von unten an das erste Kopfteil.
Zuletzt wird der Kopf am letzten Faltabschnitt des Körpers angebracht.

Motivlänge
ca. 85 cm

Material
- Tonkartonstreifen, 16 x 25 cm lang, 2 cm breit: regenbogenfarben
- Tonkarton: rot, regenbogenfarben
- 2 Wackelaugen, ø 12 mm

Vorlagenbogen A

Fische

Achten Sie beim Falten des Fächers darauf, dass Sie mit dem Farbverlauf falten, also von Dunkel nach Hell oder umgekehrt. Den Körper falten Sie 17-, den Schwanz siebenmal. Der Körper-Fächer wird genau in der Mitte zusammengeklappt und so weit zusammengeklebt, dass nur noch etwa 1 cm für die Schwanzflosse frei bleibt. Der Schwanzflossen-Fächer wird ebenfalls in der Mitte umgeklappt und ganz zusammengeklebt.
Nun befestigen Sie den Schwanz am Rumpf und ergänzen noch die Augen und die Brustflossen auf beiden Seiten.

Motivhöhe
ca. 13 cm

Material (pro Fisch)

- Transparentpapier, 16 cm x 18 cm (Körper), 8 cm x 8 cm (Schwanz) und Rest (Flossen): regenbogenfarben
- 2 Wackelaugen, ø 12 mm

Vorlagenbogen A

Mäuse

Schneiden Sie den Kopf und die Vorder- und Hinterpfötchen aus. Malen Sie das Mäusegesicht auf, stechen Sie die Löcher für die Barthaare und ziehen Sie die Barthaare durch. Kleben Sie den Kopf auf den letzten Faltabschnitt der Hexentreppe. Die Vorderbeine werden nach dem zweiten Zacken von oben angebracht, die Hinterbeine am letzten Zacken von unten. Runden Sie den letzten Abschnitt an der Schwanzspitze mit der Schere ab.

Motivhöhe

Maus ohne Schwänzchen ca. 9 cm, Karte ca. 17 cm

Material (pro Maus)

- Tonpapierstreifen, 2 x 50 cm lang, 1 cm breit (Schwänzchen), 2 x 25 cm lang, 2 cm breit (Körper): grau
- Tonkarton: grau
- Geglühter Blumendraht, ø 0,35 mm, 3 x 6 cm lang (Barthaare)

Material (pro Karte)

- Tonpapierstreifen, 2 x 15 cm lang, 2 cm breit: grau
- Tonkarton: grau
- Tonpapier, A5: zitronengelb
- Tonkarton, 26 cm x 17 cm: gelb
- Geglühter Blumendraht, ø 0,35 mm, 3 x 6 cm lang (Barthaare)
- Abstandsband

Vorlagenbogen A

Für die Karte wird das gelbe Tonkartonrechteck in der Mitte angeritzt und umgeklappt. Legen Sie die Schablone auf, ergänzen Sie mit Bleistift die äußeren Konturen und schneiden Sie sie mit der Schere aus. Anschließend kleben Sie die zitronengelben Luftlöcher auf die Kartenvorderseite.
Die Kartenmaus wird aus den 15 cm langen Papierstreifen gefaltet und – ohne Hinterbeine und Schwanz – wie oben beschrieben angefertigt.
Das Menueschild wird beschriftet und mit etwas Abstandsband aufgeklebt.

Gelbe Entchen

Übertragen Sie den Rumpf samt der acht Löcher auf die Schablone und lochen Sie diese mit der Lochzange. Die Konturen und die Löcher werden auf das gelbe Maulbeerbaumpapier übertragen. Dann schneiden Sie den Entchenrumpf aus und lochen ihn. Kleben Sie Schnabel, Augen und Füße an.
Übertragen Sie den Umriss der Flügel auf Tonpapier und falten Sie sie an den gestrichelten Linien. Das gefaltete Flügelpaar wird zweimal seitlich der Mitte gelocht. Stecken Sie die Enden des Baumwollfadens von vorne durch die beiden unteren Löcher am Rumpf. Wie die Fadenenden weiter geführt und durch das Flügelpaar gezogen werden, entnehmen Sie der Arbeitszeichnung auf dem Vorlagenbogen.

Motivhöhe
ca. 11 cm

Material (pro Entchen)
- Tonpapier: rot, zitronengelb
- Maulbeerbaumpapier: gelb
- 2 Wackelaugen, ø 5 mm
- Baumwollfaden, 40 cm lang: rot

Vorlagenbogen A

Motivhöhe
mit Holzperlen ca. 7 cm

Material (pro Blüte)

- Maulbeerbaumpapier, 5 cm x 16 cm: gelb
- Maulbeerbaumpapier: rot, weiß oder violett, grün
- Holzperle, ø 6 mm und ø 10 mm: grün
- Baumwollfaden: grün

Vorlagenbogen A

Blüten

Falten Sie das gelbe Maulbeerbaumpapier 15-mal. Lochen Sie den Fächer mit der Lochzange an einer Seite, ziehen Sie einen Baumwollfaden beliebiger Länge bis zu seiner Mitte durch und knüpfen Sie oben einen Knoten, damit der Fächer an diesem Ende zusammenhält.
Schneiden Sie die farbigen Blütenblattpaare dreimal aus; pro Blüte wird nur ein grünes, sternförmiges Kelchblatt benötigt. Kleben Sie die Blütenblattpaare versetzt als Stern aufeinander und lochen Sie die Blütenblätter sowie das Kelchblatt in der Mitte.
Ziehen Sie die beiden Fadenenden am gelben Fächer durch den farbigen Blütenstern, das grüne Kelchblatt und durch eine große und eine kleine Holzperle. Die Holzperlen werden durch Knoten wenige Millimeter voneinander getrennt.

Entenmobile

Schneiden Sie alle Motivteile aus. Der Schnabel wird zweimal ausgeschnitten und, wie auch die Wackelaugen, beidseitig am Kopf angebracht. Stechen Sie für die Aufhängung ein Loch in den Körper. Für die Flügel falten Sie das 10 cm x 14 cm große Rechteck 13-mal. Schneiden Sie den gefalteten Flügel in der Mitte auseinander in zwei je 5 cm breite Fächer. Jeder Fächer wird an einer Seite durchstochen und mit einem Faden zusammengebunden. Dann kleben Sie die Flügel an den Rumpf und spreizen sie.
Sägen Sie den Bambusstab in der Mitte durch und hängen Sie die beiden Stäbe mit Nylonfäden aneinander. Dazwischen bringen Sie die Enten in beliebiger Anzahl und Anordnung ebenfalls an Nylonfäden an.

Motivhöhe
Ente ca. 6 cm

Material (pro Ente)
- Tonpapier, 10 cm x 14 cm, hellgrün oder weiß
- Tonkarton: hellgrün oder weiß, gelb
- 2 Wackelaugen, ø 7 mm

Material (Mobile)
- Nylonfaden, ø 0,15 mm
- Bambusstab, 40 cm lang: grün
- Säge

Vorlagenbogen A

Birnenraupen

Abbildung Seite 16

Schneiden Sie die Motivteile aus, kleben Sie die Augen auf und zeichnen Sie das Gesicht mit schwarzem Filzstift auf. Um die Blattadern auf den grünen Tonkarton zu übertragen, pausen Sie sie mit einem weichen Bleistift auf Transparentpapier ab, legen das Papier mit der bemalten Seite auf den Tonkarton und fahren die Adern nochmals mit einem harten Bleistift nach. Dadurch übertragen sich die Bleistiftspuren auf den Tonkarton und können anschließend mit Filzstift nachgezeichnet werden.
Falten Sie zwei Hexentreppen für die Raupen aus den 12 cm bzw. 20 cm langen Tonpapierstreifen. Legen Sie die Hexentreppen so vor sich auf den Tisch, dass jeweils der letzte Faltabschnitt schräg nach unten weist. Darauf kleben Sie die Raupenköpfe.
Kleben Sie die einzelnen Teile der Abbildung gemäß zusammen.

Motivhöhe
ca. 21 cm

Material
- Tonpapierstreifen, 2 x 12 cm lang, 2 cm breit, 2 x 20 cm lang, 2 cm breit: grün
- Tonkarton, A5: regenbogenfarben (rot-gelb-grün-Verlauf)
- Tonkarton: braun, grün, weiß
- Tonpapier: grün (Köpfe)
- 4 Wackelaugen, ø 12 mm

Vorlagenbogen A

Birnen-raupen

Beschreibung
Seite 14

Spanner-raupen

Beschreibung
Seite 18

Spanner-raupen

Abbildung Seite 17

Motivhöhe
ca. 9 cm

Material (pro Raupe)

- Tonpapierstreifen, 6 x 25 cm lang, 2 cm breit: orange; 8 x 25 cm lang, 2 cm breit: rot oder gelb
- Tonpapier: rot oder gelb
- 2 Wackelaugen, ø 12 mm

Vorlagenbogen B

Die sieben Hexentreppen werden wie auf der Arbeitszeichnung (siehe Vorlagenbogen) in der Farbe abwechselnd zur Raupe zusammengeklebt. Schneiden Sie Kopf und Schwanz aus, fixieren Sie die Wackelaugen und malen Sie das Gesicht auf. Befestigen Sie Kopf und Schwanz am Anfang bzw. am Ende der Hexentreppe. Für den Buckel können Sie zusätzlich noch einen kurzen Papierstreifen (4 cm x 2 cm) unten zwischen die erste und vorletzte Treppe kleben.

Bären

Schneiden Sie die einzelnen Motivteile aus und malen Sie Gesicht und Ohren auf. Kleben Sie den Hexentreppenrumpf zwischen die beiden Beinpaare.
Als Hals dient ein Tonpapierstreifen (4 cm x 2 cm), der in der Mitte gefaltet wird (siehe Vorlagenbogen). Kleben Sie ein Ende des Halses an das vordere Beinpaar. Dann klappen Sie das andere Halsende nach vorne und befestigen daran den Kopf.

Motivhöhe
ca. 6 cm

Material (pro Bär)

- Tonpapierstreifen, 2 x 25 cm lang, 2 cm breit: terrakottafarben
- Tonkarton: terrakottafarben
- Tonpapier: terrakotta- und hautfarben

Vorlagenbogen B

LENA

Motivlänge

Blattstiel bis Blattspitze ca. 18 cm

Material

- Tonpapierstreifen, 2 x 50 cm lang, 1 cm breit: gelb
- Tonpapier: gelb
- Tonkarton: grün, rot
- Blumendraht, ø 0,65 mm, 9 cm lang: grün
- 2 Rocailles, ø 3 mm: orange
- Buntstift: rot

Vorlagenbogen B

Raupe im Blatt

Schneiden Sie die Motivteile aus und falten Sie die Hexentreppe. Malen Sie das Raupengesicht auf den ovalen Kopf, die Wangen röten Sie mit einem Buntstift. Um die Blattadern auf den grünen Tonkarton zu übertragen, pausen Sie sie mit einem weichen Bleistift auf Transparentpapier ab, legen das Papier mit der bemalten Seite auf den Tonkarton und fahren die Umrisse nochmals mit Bleistift nach. Dadurch übertragen sich die Bleistiftspuren auf den Tonkarton und können anschließend mit Filzstift nachgezeichnet werden. Fixieren Sie das Herz und verzieren Sie es mit Filzstift. Kleben Sie die nach der Vorlage gebogenen und mit Perlen versehenen Fühler zwischen das Kopfteil mit Gesicht und das etwas kleinere, ebenfalls ovale Kopfteil (gestrichelte Linie). Dann befestigen Sie den Kopf auf dem letzten, aufgeklappten Abschnitt der Hexentreppe und schneiden die Schwanzspitze halbrund zu. Schneiden Sie mit dem Cutter zwei Öffnungen ins Blatt und stecken Sie die Raupe hindurch.

Fledermäuse

Schneiden Sie die Motivteile aus, zeichnen Sie Gesicht und Ohren auf und falten Sie das graue Tonpapier 13-mal. Lochen Sie den Fächer zu beiden Seiten der Mitte. Der Rumpf der Fledermaus, die Fliege und die Herzen werden an den markierten Stellen ebenfalls gelocht.
Ziehen Sie die Enden des Fadens von vorne durch die unteren Löcher im Fledermausrumpf und durch das gelochte Flügelpaar nach oben (vgl. Arbeitszeichnung für das Eulenmobile auf Vorlagenbogen B). Mit einem Knoten fixieren Sie den Fächer. Dann führen Sie ein Fadenende durch ein Loch am Hals nach vorne, ggf. durch die Löcher der Fliege und durch das zweite Halsloch wieder nach hinten. Verknoten Sie die Fadenenden und schneiden Sie sie ab bzw. führen Sie sie nach oben durch das Kartonherz.
Die Ich-mag-dich-Herzen sind an einem Faden befestigt, der durch die untere Schlaufe am Bauch gefädelt wurde.

Motivhöhe
ca. 9 cm

Material (pro Fledermaus)
- Batikpapier: grau
- Tonkarton: rot
- Tonpapier, 14 cm x 14 cm: grau
- Baumwollfaden: schwarz

Vorlagenbogen B

Tipp
Statt des Batikpapiers können Sie auch graue Elefantenhaut nehmen.

Eidechsen

Abbildung Seite 24

Motivlänge
ca. 28 cm

Material (pro Eidechse)
- Tonpapierstreifen, 2 x 50 cm lang, 2 cm breit, 2 x 25 cm lang, 1,5 cm breit, 2 x 50 cm lang, 1 cm breit: terrakottafarben
- Tonkarton: hautfarben
- 2 Wackelaugen, ø 12 mm

Vorlagenbogen B

Schneiden Sie die Motivteile aus, falten Sie die Hexentreppen und kleben Sie sie aneinander. Befestigen Sie die Augen und zeichnen Sie die Nüstern auf. Fixieren Sie den Kopf auf dem aufgeklappten letzten Abschnitt der Rumpf-Hexentreppe.
Die Beinpaare werden an der gestrichelten Linie angeritzt, umgeklappt und von unten hinter dem dritten Zacken und hinter dem neunten Zacken (von vorne gezählt) an den Rumpf geklebt.
Runden Sie zuletzt die Schwanzspitze mit der Schere ab.

TINO
ICH
MAG
DICH

Eidechsen

Beschreibung
Seite 22

Frösche

Beschreibung
Seite 26

Motivhöhe
ca. 25 cm

Material (pro Frosch)
- Tonpapierstreifen, 4 x 25 cm lang, 1 cm breit (Arme), 4 x 50 cm lang, 1 cm breit (Beine): grün
- Tonpapier, 6 cm x 6 cm (Hände), 12 cm x 12 cm (Füße): grün
- Tonkarton: grün, weiß
- Blumendraht, ø 0,35 mm: grün

Vorlagenbogen B

Frösche

Abbildung Seite 25

Schneiden Sie die Motivteile aus, zeichnen Sie das Gesicht und kleben Sie den weißen Bauch auf. Falten Sie das entsprechende Papierquadrat für die Hände fünf-, das für die Füße elfmal. Teilen Sie die Fächer mit der Schere in zwei je 3 cm bzw. 6 cm lange Stücke und lochen Sie sie an einer Seite mit der Lochzange. In die Enden der Hexentreppenarme und -beine stechen Sie jeweils zwei kleine Löcher, durch die ein ca. 5 cm langes Blumendrahtstück gezogen wird, woran Hände und Füße befestigt werden. Die Arme fixieren Sie ebenfalls mit Draht am Rumpf (siehe Arbeitszeichnung auf dem Vorlagenbogen).
Die Beine werden von hinten an den Körper geklebt.

Kleine Schmetterlinge

Schneiden Sie die Motivteile aus, bemalen Sie sie mit schwarzem Filzstift und falten Sie die Hexentreppe. Die Flügel werden an zwei Stellen durchstochen. Stecken Sie den Vorderbeindraht (14 cm lang beim blauen, 12 cm lang beim orangefarbenen Schmetterling) durch die Öffnungen am Flügel und biegen Sie die Enden um.
Den Fühlerdraht (14 cm lang beim blauen, 12 cm lang beim orangefarbenen Schmetterling) biegen Sie gemäß dem Vorlagenbogen und kleben ihn von hinten an den Kopf. Darüber kleben Sie zur Verstärkung ein etwas kleineres Tonpapieroval (gestrichelte Linie). Stecken Sie die Holzperlen auf die Fühlerenden und biegen Sie den Draht darum herum, damit die Perle nicht verrutscht.
Kleben Sie den Kopf auf das aufgeklappte Endstück der Hexentreppe. Am gegenüber liegenden Ende wird die Hexentreppe ebenfalls aufgeklappt, der Hinterbeindraht (bei beiden Schmetterlingen 16 cm lang) eingelegt und dann zugeklebt. Biegen Sie die Drahtenden gemäß der Abbildung und dem Vorlagenbogen zu Füßchen. Zum Schluss kleben Sie das Flügelpaar samt der Arme an den Rücken.

Motivhöhe

ca. 16 cm

Material (pro Schmetterling)

- Tonpapierstreifen, 2 x 29 cm lang, 2 cm breit: orange; bzw. 2 x 33 cm lang, 2 cm breit: hellblau
- Maulbeerbaumpapier: weiß
- Tonpapier: hellblau oder orange
- Geglühter Blumendraht, ø 0,65 mm, 2 x 14 cm oder 2 x 12 cm, 16 cm lang
- 2 Holzperlen, ø 6 mm: orange oder blau

Vorlagenbogen B

Motivhöhe
Eule ca. 8 cm

Material (Mobile)
- Geglühter Stieldraht, ø 1,4 mm, 30 cm lang (Mobilebügel)
- Geglühter Blumendraht, ø 0,35 mm

Material (pro Eule)
- Maulbeerbaumpapier: dunkelbraun
- Tonpapier: gelb, dunkelbraun
- Baumwollfaden: dunkelbraun

Material (pro Stern)
- Maulbeerbaumpapier: gelb
- Tonpapier: gelb

Vorlagenbogen B

Eulenmobile

Schneiden Sie die Eulenteile aus und zeichnen Sie mit Filzstift Iris und Pupille auf die Augen. Falten Sie das Flügelpaar entlang der gestrichelten Linien zum Fächer und lochen Sie es mit der Lochzange zweimal seitlich der Mitte (siehe Arbeitszeichnung auf dem Vorlagenbogen).
Der Eulenrumpf wird viermal gelocht und der Schnabelumriss mit dem Cutter v-förmig eingeschnitten und nach vorne geklappt. Kleben Sie das gelbe Schnabelteil und die Augen auf.
Um die Flügel zu befestigen, ziehen Sie die Enden des Fadens von vorne durch die unteren Löcher am Eulenrumpf und dann auf der Rückseite durch die Flügellöcher. Verknoten Sie den Faden oberhalb des Flügelpaares. Ein Fadenende ziehen Sie durch ein Loch im Hals nach vorne und durch das andere Loch wieder nach hinten, wo die Fadenenden verknotet und abgeschnitten werden (vgl. Arbeitszeichnung auf dem Vorlagenbogen).
Die Sterne werden aus Tonpapier und Maulbeerbaumpapier ausgeschnitten, aufeinander geklebt und mit der Vorstechnadel durchstochen.
Hängen Sie mit Blumendraht eine beliebige Anzahl Eulen und Sterne an den Mobilebügel, den Sie mit der Rundzange gebogen haben.

Motivlänge
ca. 50 cm

Material (pro Krokodil)

- Tonpapierstreifen, 2 x 18 cm lang, 2 cm breit (Hals), 4 x 50 cm lang, 2 cm breit (Rumpf), 2 x 50 cm lang, 1,5 cm breit (Schwanzteil 1), 2 x 50 cm lang, 1 cm breit (Schwanzteil 2): grün
- Schreibmaschinenpapierstreifen, 16 x 5 cm lang, 0,3 cm breit (Zähne): weiß
- Tonpapier: grün
- 2 Wackelaugen, ø 7 mm

Vorlagenbogen B

Krokodile

Falten Sie die Hexentreppen. Sie werden erst zum Schluss zusammengeklebt. Schneiden Sie Beine und Kopf je zweimal aus. Ein Teil des Kopfes wird entlang der gestrichelten Linie angeritzt und umgeklappt; darauf werden die Augen geklebt. Malen Sie die Nüstern auf. Kleben Sie die beiden Kopfteile aufeinander. Nun können Sie die Hexentreppenzähne ins Maul kleben, sechs unten und zwei oben.
Klappen Sie den letzten Abschnitt der Halshexentreppe auf und befestigen Sie daran den Kopf. Die Füße werden an den gestrichelten Linien angeritzt und hoch gefaltet. Kleben Sie das erste Beinpaar zwischen den Hals und das erste Rumpfteil, das zweite Beinteil zwischen das erste und das zweite Rumpfteil. Zuletzt kleben Sie die beiden Schwanzteile an und schneiden den letzten Zacken spitz zu.

Motivhöhe
ca. 8 cm

Material (pro Pinguin)
- Tonpapierstreifen, 2 x 25 cm lang, 2 cm breit: weiß
- Tonkarton: schwarz, orange
- 2 Wackelaugen, ø 5 mm

Vorlagenbogen B

Pinguine

Schneiden Sie die Motivteile aus und falten Sie die Hexentreppe. Für den Schnabel falten Sie einen orangefarbenen Kartonstreifen (ca. 6 cm x 2 cm) in der Mitte und legen die Schnabelschablone mit der gestrichelten Seite an die Faltlinie. Ziehen Sie den Umriss mit Bleistift nach und schneiden Sie den Schnabel aus.

Ritzen Sie das schwarze Motivteil entlang der gestrichelten Linien an und klappen Sie die Seiten, den Hals und den Fuß nach vorne. Drehen Sie das Teil um und ritzen Sie es am Kopf entlang der Strichpunktlinie an. Dann falten Sie den Kopf nach hinten. Kleben Sie die Hexentreppe zwischen Kopf- und Fußteil. Zuletzt fixieren Sie den Schnabel, die Augen und die Füße.